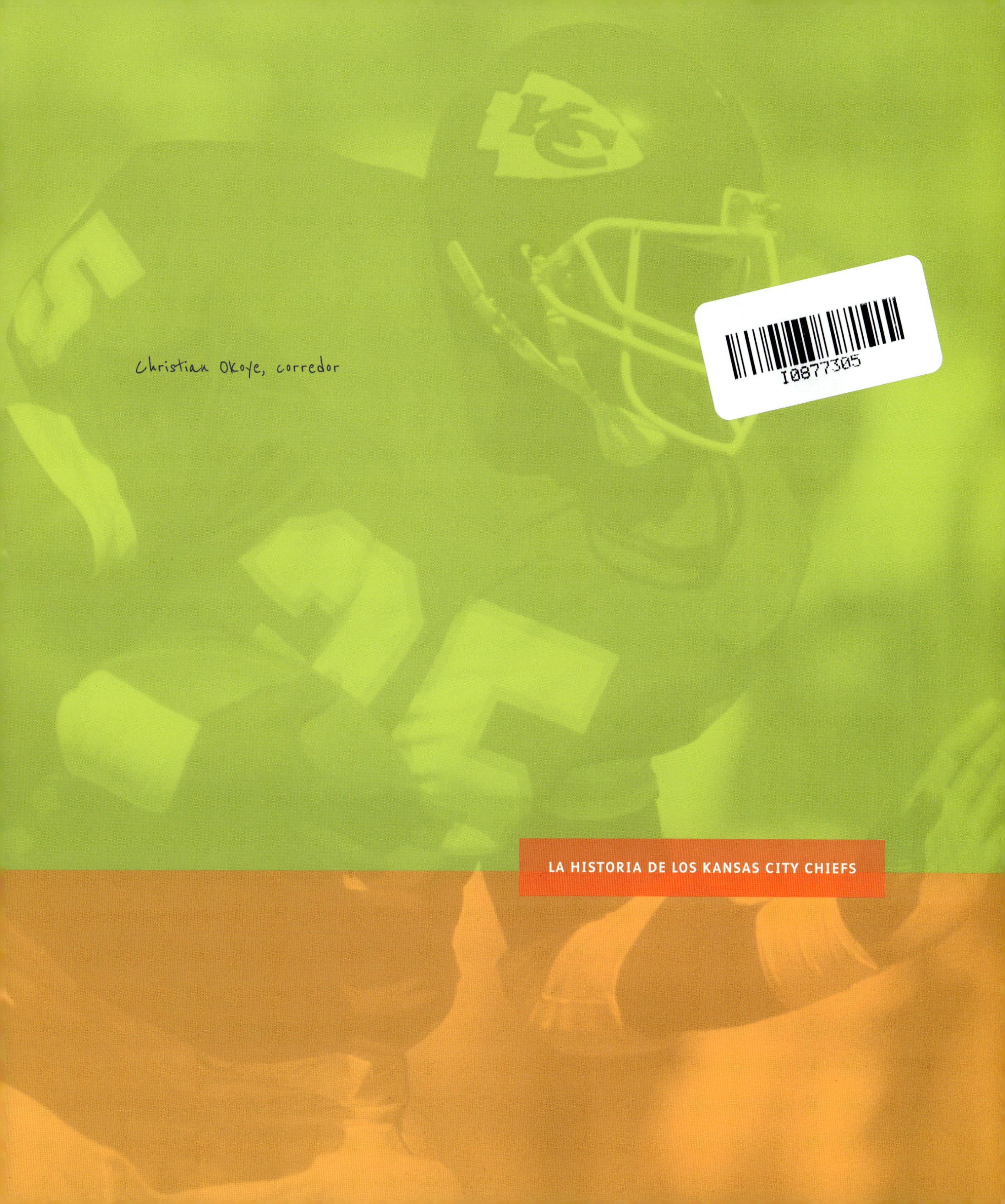

Christian Okoye, corredor

LA HISTORIA DE LOS KANSAS CITY CHIEFS

Travis Kelce, ala cerrada

LA NFL HOY EN DÍA

LA HISTORIA DE LOS

KANSAS CITY CHIEFS

JIM WHITING

Larry Johnson, corredor

CREATIVE SPORTS

CREATIVE EDUCATION / CREATIVE PAPERBACKS

Publicado por Creative Education y Creative Paperbacks
P.O. Box 227, Mankato, Minnesota 56002
Creative Education y Creative Paperbacks son marcas editoriales de The Creative Company
www.thecreativecompany.us

Dirección de arte por Tom Morgan (www.bluedes.com)
Art direction by Rita Marshall

Fotografías por Alamy (McClatchy-Tribune), AP (Carl Linde), Getty (Al Messerschmidt Archive, Andy Lyons, Brian Bahr, Christian Petersen, Cooper Neill, Damian Strohmeyer, Dave Kaup, David E. Klutho, Focus on Sport, G Newman Lowrance, Icon Sportswire, Joe Robbins, Jonathan Daniel, Joseph Patronite, Peter G. Aiken, Rich Clarkson, Ron Vesely, Tim Umphrey, Tom Hauck, William Purnell/Icon Sportswire), NFL (Rod Hanna)

Library of Congress Cataloging-in-Publication Data
Names: Whiting, Jim, 1943- author.
Title: La historia de los Kansas City Chiefs / by Jim Whiting.
Other titles: Story of the Kansas City Chiefs. Spanish
Description: Mankato, Minnesota : Creative Education and Creative Paperbacks, 2025. | Series: Creative sports. La NFL hoy en día | Includes index. | Audience: Ages 8-12 | Audience: Grades 4-6 | Summary: "Translated into North American Spanish, middle grade football fans are introduced to the extraordinary history of the NFL's Kansas City Chiefs with a photo-laden narrative of their greatest successes and losses"-- Provided by publisher.
Identifiers: LCCN 2023044101 (print) | LCCN 2023044102 (ebook) | ISBN 9798889891536 (library binding) | ISBN 9781682775462 (paperback) | ISBN 9798889891611 (ebook)
Subjects: LCSH: Kansas City Chiefs (Football team)--History--Juvenile literature.
Classification: LCC GV956.K35 W47318 2025 (print) | LCC GV956.K35 (ebook) | DDC 796.332/6409778411--dc23/eng/20230922
LC record available at https://lccn.loc.gov/2023044101
LC ebook record available at https://lccn.loc.gov/2023044102

Impreso en China

Len Dawson, mariscal de campo

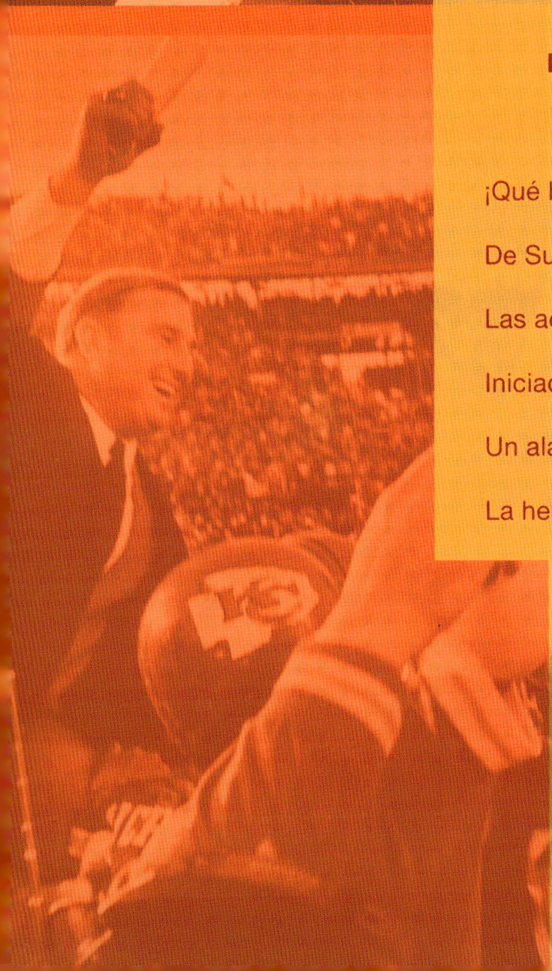

CONTENIDO

Un regreso enorme 8

Hacia un comienzo sólido 13

Un periodo de descenso 17

Hacia arriba y hacia abajo 18

El reino de Reid 23

Índice 32

LOS GRANDES DEL FÚTBOL AMERICANO

¡Qué buen negocio! 10

De Super Ball a Super Bowl 15

Las acciones dicen más que las palabras 16

Iniciador rápido 20

Un ala cerrada de primera 27

La hermandad es poderosa 29

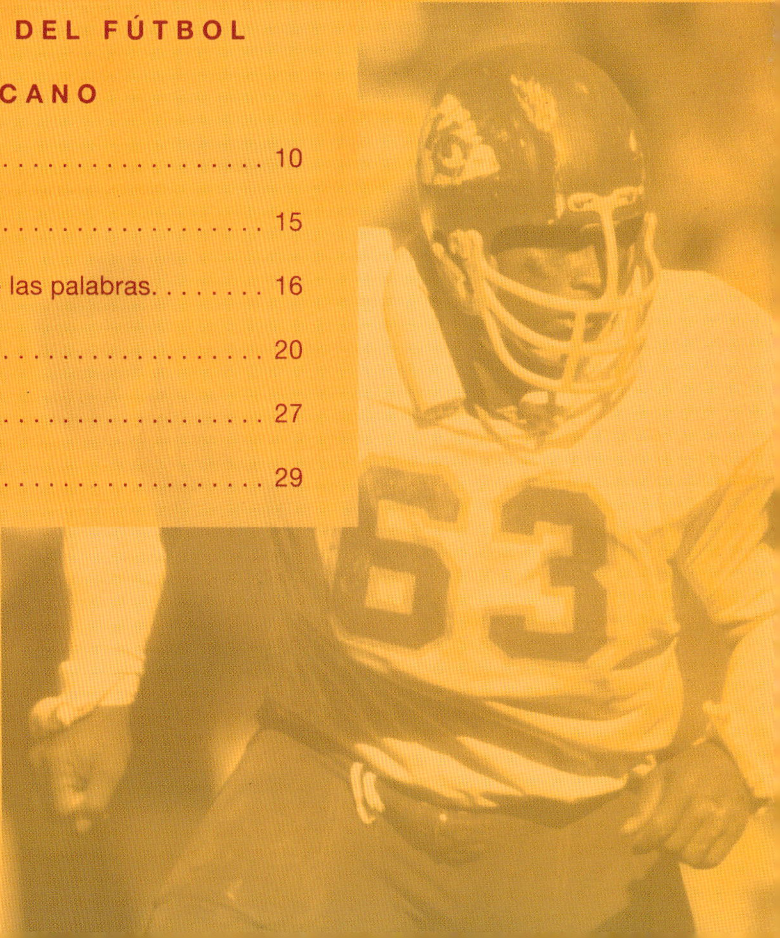

UN REGRESO ENORME

Los Kansas City Chiefs tuvieron un horroroso inicio en la ronda divisional de las eliminatorias 2019 de la National Football League (NFL). Los Houston Texans iban ganando 7–0 a los tres minutos del partido. Luego, los Texans bloquearon una patada de despeje y anotaron. Más adelante en ese mismo cuarto, una torpe patada de despeje dio como resultado un tercer touchdown. Al principio del segundo cuarto, Houston pateó un gol de campo. Ahora iban ganando, 24–0.

El mariscal de campo de los Chiefs, Patrick Mahomes, reanimó a su equipo. "Todo el mundo nos da por perdidos", exclamó. "Vamos allá fuera y, jugada a jugada, démoslo todo".

Kansas City regresó con fuerza. Mahomes lanzó el balón al corredor Damien Williams para lograr un touchdown de 17 yardas, un minuto después del gol de campo de Houston. Dos minutos después de eso, Mahomes se alió con el ala cerrada Travis Kelce para lograr un touchdown de cinco yardas. Y en otro minuto y medio, los dos se coordinaron para una anotación más. Después de una patada de despeje, justo antes de la advertencia de los dos minutos, Mahomes hizo marchar al equipo campo abajo. Se alió con Kelce por tercera vez, en menos de ocho minutos. Para el medio tiempo, Kansas City ya iba ganando 28–24.

Damian Williams, corredor

PATRICK MAHOMES
MARISCAL DE CAMPO
TEMPORADAS DE LOS CHIEFS: 2017-HOY
ALTURA: 6 PIES Y 2 PULGADAS (1,88 M)
PESO: 225 LIBRAS (102 KG)

¡QUÉ BUEN NEGOCIO!

Patrick Mahomes tuvo una sensacional temporada 2016 para los Red Raiders de la Texas Tech University. Él lideró a la nación en cuanto a yardas de pase, con 5.052. Andy Reid, el entrenador principal de Kansas City, quería a Mahomes. Pero los Chiefs reclutarían en 27.° lugar durante el Draft de la NFL 2017. Reid temía que ya se hubieran llevado a Mahomes para entonces. Hizo un trato con los Buffalo Bills. Ellos reclutarían en 10.° lugar. A cambio, él les dio su selección de la primera y tercera ronda en 2017 y su selección de la primera ronda en 2018. Resultó ser una ganga. Mahomes lanzó 10 pases de touchdown en sus primeros 2 partidos en 2018. Es el mayor número de pases de touchdown en los primeros dos partidos de una temporada en la historia de la NFL. Mahomes terminó la temporada con más de 5.000 yardas y 50 touchdowns. Peyton Manning es el otro único jugador con esas anotaciones.

Travis Kelce, ala cerrada

Los Chiefs no quitaron el pie del acelerador. Williams anotó con una carrera de una yarda al inicio del tercer cuarto. Más adelante, en ese mismo cuarto, agregó su tercer touchdown con una carrera de cinco yardas. Para este punto, Kansas City había anotado 41 puntos sin respuesta e iba ganando 41–24.

Finalmente, Houston detuvo la carrera de 41 puntos con un touchdown hacia finales del tercer cuarto. Kansas City necesitaba menos de dos minutos para responder. El ala cerrada Blake Bell anotó apoyado en un pase de ocho yardas de Mahomes. Harrison Butker pateó un gol de campo de 24 yardas para cerrar la puntuación. Kansas City emergió con un triunfo de 51–31. En ese entonces, esta recuperación empató como la cuarta más larga en la historia de las eliminatorias de la NFL. Los Chiefs continuaron y jugaron contra los Tennessee Titans para el Campeonato de la AFC.

"Al principio, nos estábamos perjudicando a nosotros mismos", comentó Kelce. "En esa situación, solo reanimas a las tropas, te recargas en los líderes del equipo y haces jugadas. Y eso fue lo que hicimos".

Mahomes terminó con 321 yardas y 5 pases de touchdown. Además, él también lideró al equipo en carrera, con 53 yardas en 7 acarreos. Kelce fue responsable de 134 yardas en 10 recepciones y los 3 touchdowns.

82
28

HACIA UN COMIENZO SÓLIDO

En cierto modo, fue apropiado que este épico regreso fuera en contra de un equipo llamado "Texans". Ese era el nombre original de los Chiefs. A finales de la década de 1950, el millonario texano Lamar Hunt quería a un equipo de la NFL en su ciudad natal, Dallas. La NFL lo rechazó. Hunt y varios otros hombres acaudalados formaron la American Football League (AFL). Esta empezó a jugar en 1960. Hunt nombró a su equipo los Dallas Texans.

La NFL rápidamente respondió. La liga creó los Dallas Cowboys en 1960. Los Texans tenían dificultades para atraer aficionados. Los que sí asistían disfrutaban de las emocionantes actuaciones de Abner Haynes. En 1960, él lideró la AFL en cuanto a yardas de carrera. Atrapó 55 pases. Él recibió las distinciones de Novato del Año de la AFL y Jugador del Año de la AFL.

En 1962, los Texans añadieron al mariscal de campo Len Dawson. Él llevó al equipo hacia un partido de Campeonato de la AFL. Dallas venció a los Houston Oilers en doble tiempo extra, 20–17.

A pesar de la victoria, Hunt decidió que Dallas no era lo suficientemente grande para tener dos equipos. Él se quería mudar antes de la temporada 1963. Consideró Miami, Florida y Atlanta, Georgia. Pero H. Roe Bartle, el alcalde de Kansas City, Missouri, le hizo una gran oferta. "Bartle hizo un notable trabajo de persuasión con Lamar Hunt y, de no haber sido por él, Hunt se habría ido con su equipo a otra lugar", afirmó el columnista deportivo Joe McGuff. Bartle era un hombre excepcionalmente grande con el apodo "Chief". Los aficionados querían honrarlo. Sugirieron que se usara su apodo "Chief" para su nuevo equipo. Hunt estuvo de

Abner Haynes, corredor

acuerdo. El equipo se convirtió en los Kansas City Chiefs. Terminaron 5–7–2 en 1963, y 7–7 en 1964.

Len Dawson, mariscal de campo

En 1965, los Chiefs reclutaron al receptor Otis Taylor. Él tenía tamaño, velocidad, fuerza y agilidad. "Otis facilitaba mi trabajo", dijo Dawson. "Si le mandabas el pase a Otis, sabías que lo iba a atrapar".

En 1966, los apoyadores Bobby Bell y E. J. Holub ayudaron a impulsar a los Chiefs para vencer a los Buffalo Bills 31–7 en el campeonato de la AFL. En temporadas anteriores, ese hubiera sido el partido final. Pero las dos ligas se estaban fusionando. El primer paso era un partido entre los campeones de cada liga. Pronto, llegó a conocerse como el Super Bowl. Los Green Bay Packers vencieron a los Chiefs en el Super Bowl I (1) por 35–10.

Los Chiefs derrotaron a los Oakland Raiders para el campeonato de la AFL de 1969. Era el último partido en la historia de la AFL. Kansas City se enfrentó a los muy favorecidos Minnesota Vikings en el Super Bowl IV (4). Los Vikings lideraban la NFL en puntaje. Su defensa fue la que menos puntos concedió. Los Chiefs tenían sus propias armas. Los tacleadores defensivos Buck Buchanan y Curley Culp habrían destacado en cualquier equipo de la NFL.

Kansas City iba a la delantera con 16–0 en el medio tiempo. Se impusieron por 23-7. "Era obvio que su ofensiva jamás había visto una defensa como la nuestra", recordó Dawson.

En 1970, los Chiefs se volvieron parte de la American Football Conference (AFC) de la NFL. En 1971, se enfrentaron a los Miami Dolphins en un juego de división de eliminatorias épico. Garo Yepremian de los Dolphins pateó el gol de campo ganador en el segundo tiempo extra. El partido duró 82 minutos con 40 segundos. Sigue siendo el partido más largo en la historia de la NFL.

LAMAR HUNT, PROPIETARIO DE LOS CHIEFS

DE SUPER BALL A SUPER BOWL

Mientras la NFL y la AFL discutían los términos de su fusión, a Lamar Hunt no le gustaba el nombre de "AFL-NFL World Championship Game" (Partido del Campeonato Mundial AFL-NFL). Era demasiado largo, pero no sabía de qué otro nombre llamarlo. Durante las reuniones de propietarios en 1966, trató de referirse a ese partido. Se le ocurrió el término "Super Bowl"- A la mayoría de los propietarios les gustó. Pensaron que era un nombre corto y conciso. "Probablemente está registrado en mi cabeza porque mi hija Sharron y mi hijo Lamar Jr. tenían un juguete de niños llamado Super Ball, y probablemente intercambié la fonética de 'bowl' y 'ball'", explicó Hunt, quien también sugirió agregar numerales romanos. Él pensó que le daría "más dignidad" al partido.

LEN DAWSON
MARISCAL DE CAMPO
TEMPORADAS DE LOS TEXANS/CHIEFS: 1962–75
ALTURA: 6 PIES (1,82 M)
PESO: 190 LIBRAS (86 KG)

LAS ACCIONES DICEN MÁS QUE LAS PALABRAS

Len Dawson inició solo dos partidos durante sus primeras cinco temporadas profesionales. Lanzó solo 45 pases mientras jugaba para dos equipos de la NFL. Hank Stram, el entrenador de los Texans, había entrenado a Dawson en la Universidad de Purdue. Él invitó a Dawson a Dallas para una prueba. Dawson llevó al equipo al campeonato de la AFL en su primera temporada. Se ganó el apodo "Lenny the Cool". Durante el partido, estaba tranquilo y sereno. "Él podía decir más con una mirada que lo que la mayoría de los jugadores podían decir con palabras", recordó el corredor Ed Podolak. "Él era el líder del equipo, no hay duda de eso". Dawson compiló estadísticas impresionantes. Pero para él, no se trataba de números. Él se enfocaba en ganar.

UN PERIODO DE DESCENSO

Ese partido marcó el fin de una época para Kansas City. Entre 1972 y 1985, el equipo tuvo solo tres temporadas de victorias. Los Chiefs cayeron bajo en 1977. Ganaron solo dos partidos.

En 1986, Kansas City era nuevamente un contendiente. Los Chiefs terminaron 10–6. Gran parte de su éxito se debió a sus equipos especiales. Su victoria final llegó cuando sus equipos especiales anotaron cada punto en una victoria de 24–19 contra los Pittsburgh Steelers: un regreso de patada de despeje bloqueado, un regreso de la patada inicial y un regreso de gol de campo bloqueado, todos para touchdowns y un gol de campo. Llegaron a la postemporada por primera vez en 15 años. Pero perdieron en el partido de ronda de comodines contra los New York Jets, 35–15.

Ganaron solo cuatro partidos en cada una de las siguientes dos temporadas. Pero las cosas estaban a punto de cambiar.

Hunt contrató a Marty Schottenheimer como entrenador principal antes de la temporada 1989. "Creo que este equipo de fútbol tiene la oportunidad de volver a acercarse a esa gran tradición de los Kansas City Chiefs", dijo Schottenheimer. Dos jugadores de los Chiefs desempeñaron un papel importante para que Kansas City lograra el 8–7–1. Uno fue el feroz corredor Christian Okoye. Su apodo era "The Nigerian Nightmare" (la pesadilla nigeriana). Lideró la liga en carreras con 1.480 yardas. Fue nombrado Jugador Ofensivo del Año de la NFL. El otro fue el agresivo apoyador Derrick Thomas. Él fue el Novato Defensivo del Año de la NFL. Pero a los Chiefs les faltó poco para llegar a las eliminatorias.

La puntuación de 11-5 en 1990 ayudó a los Chiefs a regresar a las eliminatorias. Se enfrentaron a los Dolphins en la ronda de comodines. Hacia el cuarto cuarto,

Kansas City llevaba la delantera con 16–3. Pero dos touchdowns de Miami los llevaron a una derrota de 17–16. Al año siguiente, Kansas City se enfrentó a Los Angeles Raiders en la ronda de comodines. Los Chiefs ganaron 10–6. Era su primera victoria de eliminatorias en 22 años. Pero la semana siguiente, Buffalo acabó con su temporada.

En 1992, los Chiefs estaban de regreso en las eliminatorias. Esta vez, los San Diego Chargers los derrotaron en la ronda de comodines, 17–0. La siguiente temporada, los Chiefs agregaron dos veteranos: el mariscal de campo Joe Montana y el corredor Marcus Allen. Ellos llevaron a los Chiefs hacia el título de la AFC Oeste en 1993. Ganaron dos partidos de eliminatorias cerrados. Luego, avanzaron hacia el partido de Campeonato de la AFC contra Buffalo. Pero los Bills se les escaparon y ganaron, 30–13. El año siguiente, los Chiefs jugaron contra Miami en la ronda de comodines. En ese partido, se presentaron dos de los mejores mariscales de campo de todos los tiempos de la liga: Montana y Dan Marino. Los Dolphins ganaron 27–17. Montana se retiró.

HACIA ARRIBA Y HACIA ABAJO

En 1995, los Chiefs compilaron un récord de 13–3. Fue el mejor en la NFL. Pero tropezaron en las eliminatorias. En la ronda divisional, la ofensiva devolvió el balón cuatro veces y fue una derrota de 10–7 frente a los Indianapolis Colts. Después de perderse las eliminatorias de 1996, Kansas City anotó otra marca de 13–3, en 1997. Perdieron en la ronda de división contra Denver por 14–10.

Kansas City no llegó a las eliminatorias los siguientes cinco años. Pero estaban sentando las bases del éxito. Tony González estaba surgiendo como uno de los mejores alas cerradas de la NFL. Kansas City agregó al corredor Priest Holmes en

Marcus Allen, corredor

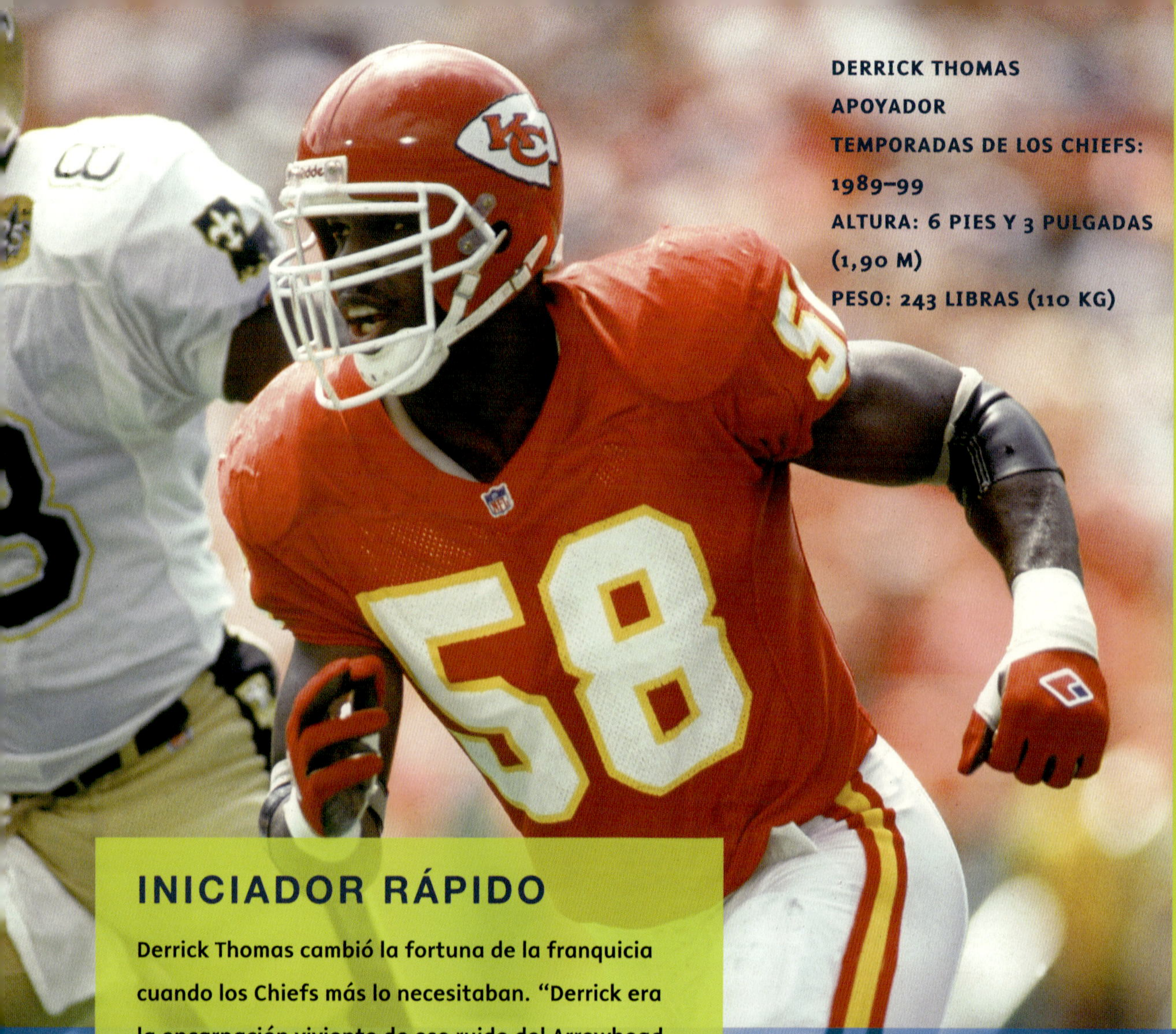

DERRICK THOMAS
APOYADOR
TEMPORADAS DE LOS CHIEFS: 1989–99
ALTURA: 6 PIES Y 3 PULGADAS (1,90 M)
PESO: 243 LIBRAS (110 KG)

INICIADOR RÁPIDO

Derrick Thomas cambió la fortuna de la franquicia cuando los Chiefs más lo necesitaban. “Derrick era la encarnación viviente de ese ruido del Arrowhead Stadium”, dijo el escritor de *Sports Illustrated*, Michael Silver. “Simplemente parecía que había empezado su cacería de mariscales un segundo antes del saque de la pelota”. “DT” era un cazacabezas devastador. Él era conocido por su jugada de “captura y despojo”. En 1989, recibió la distinción de Novato Defensivo del año de la NFL. El año siguiente, estableció un récord para el equipo de 20 capturas. Entre ellos, el récord de la NFL de siete capturas en un solo partido contra los Seattle Seahawks. Trágicamente, su carrera terminó antes de tiempo. Falleció en el 2000 por las lesiones de un accidente de auto.

2001. Se convirtió en el primer agente libre no reclutado en liderar la liga en cuanto a carrera. Sumó 1.555 yardas. Le fue aún mejor en 2002. Holmes corrió como loco detrás del tacleador Willie Roaf y el guardia Brian Waters. Holmes sumó 2.287 yardas totales y 24 touchdowns en total; la mejor marca de la AFC. Fue nombrado Jugador Ofensivo del Año de la NFL. "Él está haciendo cosas que nunca se han hecho en la historia de la NFL, especialmente con esos touchdowns", afirmó González.

Los potentes Chiefs lograron un 13-3 en 2003. Anotaron 484 puntos; un récord para el equipo. Holmes acumuló 27 touchdowns, lo que fue un récord para la NFL. Kansas City jugó como anfitrión contra los Colts en la ronda divisional. El partido fue un desempate por penales ofensivo. Holmes corrió por 176 yardas y 2 touchdowns. Aun así, los Chiefs fueron superados por los Colts por 38–31.

La siguiente temporada, Kansas City cayó a un decepcionante récord de 7–9. Y algo peor: Holmes se lesionó. Fue el fin de su carrera.

Los Chiefs mejoraron a 10–6 en 2005. Les faltó poco para llegar a las eliminatorias. En 2006, los Chiefs estuvieron de regreso en la postemporada. Pero los detuvo Indianapolis en la ronda de comodines, 23–8. Kansas City cayó hasta 4–12 en 2007. Ese año concluyó con nueve derrotas seguidas. "Somos unos perdedores", comentó González después de la temporada. "Es vergonzoso. Es frustrante".

El equipo se hundió a 2–14 en 2008, y a 4–12 el año siguiente. El corredor Jamaal Charles fue una rara joya entre lo negativo. En el último partido de la temporada 2009 contra los Denver Broncos, fijó un récord dentro del equipo con 259 yardas de carrera.

En 2010, los Chiefs rebotaron de regreso. El mariscal de campo Matt Cassel arrojó 27 pases de touchdown. Charles corrió para lograr las 1.467 yardas. Esas actuaciones ayudaron a lograr un récord de 10–6. Los Chiefs fueron aplastados por los Baltimore Ravens en la ronda de comodines, con un resultado de 30-7. La campaña 2011 empezó mal. Kansas City perdió sus primeros tres partidos. Charles sufrió una lesión de rodilla que acabó con la temporada. Los Chiefs cayeron a 7-9. El

Riddell
NFL
G

año siguiente la situación empeoró. Kansas City atravesó cojeando la temporada 2012, con solo dos victorias.

EL REINO DE REID

Para cambiar las cosas, el equipo contrató al entrenador principal, Andy Reid. Él había sido un entrenador exitoso con los Philadelphia Eagles. Detrás del mariscal de campo Alex Smith, Kansas City terminó 11-5 en 2013. Ellos fueron los "salvajes" en la ronda de comodines de las eliminatorias contra los Colts. En el tercer cuarto, los Chiefs iban ganando por 28 puntos. Los Colts se recuperaron y ganaron por 45–44. En 2014, los Chiefs cayeron a 9–7. En 2015, regresaron a las eliminatorias con una anotación de 11–5. En la ronda de comodines, eliminaron a los Texans por 30–0. Era su primera victoria en eliminatorias desde 1993. Pero una derrota de 27–20 frente a los New England Patriots puso fin a su temporada.

En 2016, la anotación de 12–4 de Kansas City fue la mejor en 13 años. Los Chiefs fueron víctimas de los Steelers en la ronda divisional.

En 2017, Kansas City logró 10–6. Durante el partido de comodines, los Chiefs iban ganándole a los Titans 21–3 en el medio tiempo. Pero Tennessee consiguió ganar con 22–21. Después de la temporada, los Chiefs intercambiaron a Smith.

Eso abrió la puerta para que Patrick Mahomes tomara su lugar como mariscal de campo en 2018. Para obtenerlo, los Chiefs habían hecho un intercambio en el Draft de la NFL 2017. Mahomes fue nombrado El jugador más valioso de la NFL (Most Valuable Player, MVP) en su primera temporada como iniciador. Él llevó a Kansas City a un récord de 12–4. Tras derrotar a los Colts en la ronda de división,

Matt Cassel, mariscal de campo

perdieron contra los Patriots en el partido de Campeonato de la AFC.

En 2019, Kansas City repitió la anotación 12–4. Se enfrentaron a los San Francisco 49ers en el Super Bowl LIV (54). En el medio tiempo iban empatados 10–10. Cuando solo quedaban menos de ocho minutos, los 49ers iban ganando por 20–10. Mahomes lanzó dos pases cortos de touchdown. Uno para Travis Kelce y el otro para Damien Williams. Quedaban menos de tres minutos. Los 49ers cedieron la posesión del balón en intentos. Williams corrió 38 yardas para sellar la victoria por 31–20. ¡Era el primer campeonato de Kansas City en 50 años! También fue el primer título de Reid como entrenador principal.

Kansas City logró 14–2 en 2020. Fue su mejor temporada en la historia. Se ganaron un viaje al Super Bowl LV (55). Perdieron frente a los Tampa Bay Buccaneers por 31–9. La defensa de Tampa Bay no permitió a los Chiefs anotar más de tres goles de campo. Era la tercera vez que un equipo de Super Bowl no había anotado un touchdown.

Los Chiefs lograron 12–5 en 2021. Se perdieron de llegar al Super Bowl cuando los Bengals los derrotaron por 27–24 en tiempo extra en el partido de Campeonato de la AFC.

Kansas City ganó 14 partidos nuevamente en 2022. Una de las razones fue el haber hecho un intercambio en el reclutamiento para elegir al esquinero Trent McDuffie. Él se convirtió de inmediato en iniciador. Nueve otros seleccionados en el reclutamiento también contribuyeron. En el Super Bowl LVII (57), los Chiefs se enfrentaron al antiguo equipo de Reid, los Eagles. En el medio tiempo, Philadelphia iba adelante con 24–14. Los Chiefs regresaron y tomaron la delantera con 35–27 en el cuarto cuarto. Los Eagles se recuperaron y lograron un empate de 35–35. Cuando quedaban 8 minutos, Harrison Butker pateó un gol de campo de 27 yardas. ¡Los Chiefs ganaron por 38–35! Los 73 puntos combinados fueron el tercer puntaje más alto en la historia del Super Bowl.

Patrick Mahomes, mariscal de campo

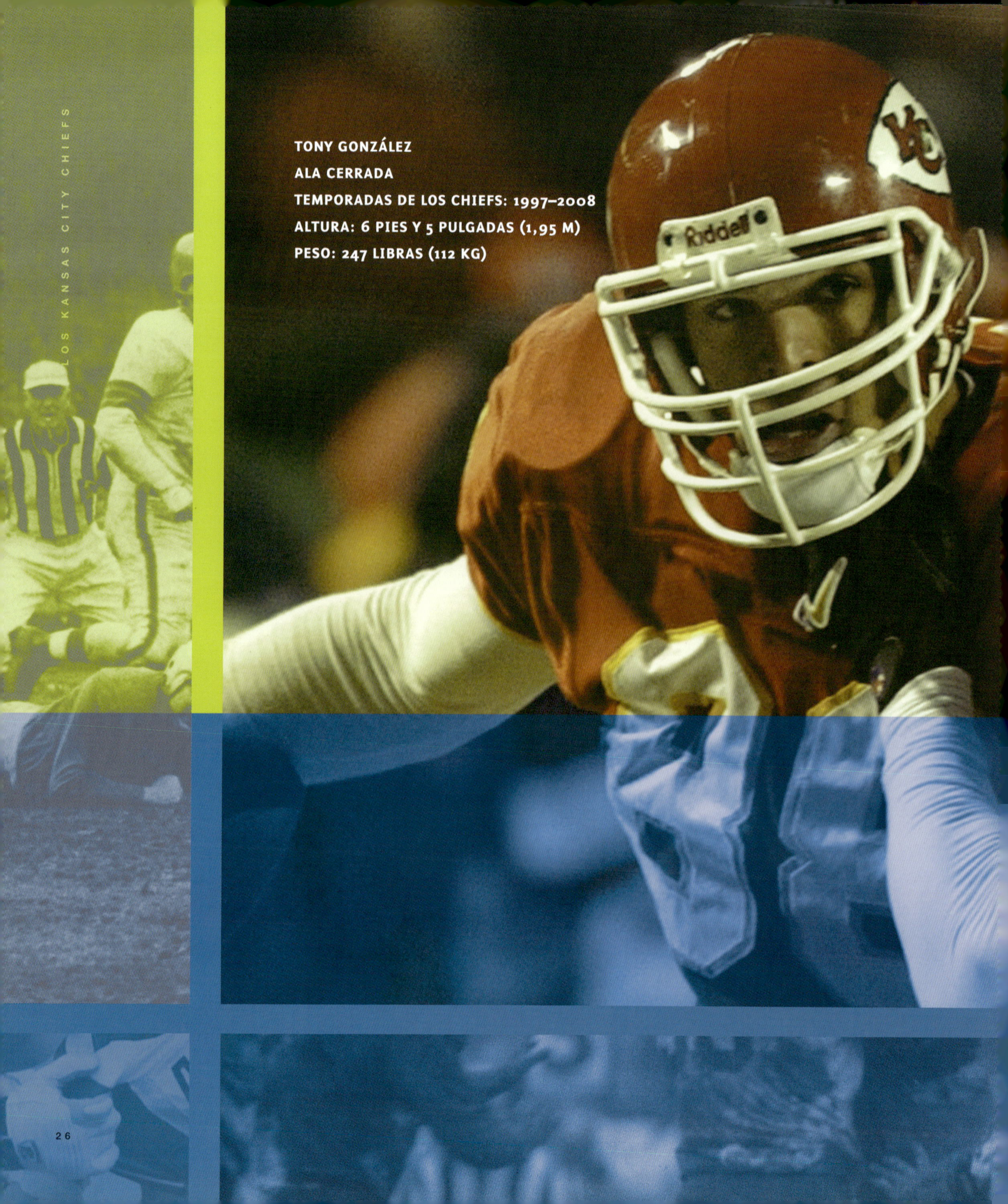

TONY GONZÁLEZ
ALA CERRADA
TEMPORADAS DE LOS CHIEFS: 1997–2008
ALTURA: 6 PIES Y 5 PULGADAS (1,95 M)
PESO: 247 LIBRAS (112 KG)

UN ALA CERRADA DE PRIMERA

En la Universidad de California, Berkeley, Tony González jugaba básquetbol, además de ser la estrella del equipo de fútbol. Incluso jugaba en la liga de verano del Miami Heat. Tenía que elegir entre los dos deportes, y eligió el fútbol. Para llevárselo, los Chiefs hicieron un intercambio en el Draft de la NFL de 1997. Él justificó la fe que tenían en él. Esa temporada, llegó al equipo All-Rookie de la NFL. Durante las siguientes 11 temporadas, él fue nombrado Primer Equipo All-Pro 5 veces, con los Chiefs, y jugó en 10 Pro Bowls. Por esto, sumado a sus cinco temporadas con los Atlanta Falcons, muchas personas consideran que él es el mejor ala cerrada de todos los tiempos.

Tyreek Hill, receptor

El partido fue la culminación de una de las carreras de cinco años más dominantes en la historia de la NFL. Entre 2018 y 2022, Kansas City ganó 64 partidos y perdió solo 18. En 2023, los Chiefs empezaron con una marca de 6-1. Sin embargo, el resto de la temporada fue de solo 5-5 para terminar 11-6. Tras derrotar fácilmente a Miami en la ronda decomodines, Kansas City superó por poco a Buffalo y a Baltimore, cabeza de serie de la AFC,para enfrentarse a San Francisco en el Super Bowl LVIII (58). Los Chiefs perdían 10-3 en elentretiempo. La primera mitad tuvo pocas anotaciones y esto convirtió al partido en uno delos Super Bowls más dramáticos de la historia. Kansas City empató el partido 19-19 con ungol de campo faltando tres segundos. Era el segundo Super Bowl que se iba a la prórroga.San Francisco pateó un gol de campo para abrir el marcador. Mahomes condujo a los Chiefs campo abajo. Lanzó un pase de touchdown de tres yardas al receptor abierto Mecole Hardman para lograr un marcador final de 25-22. Eso

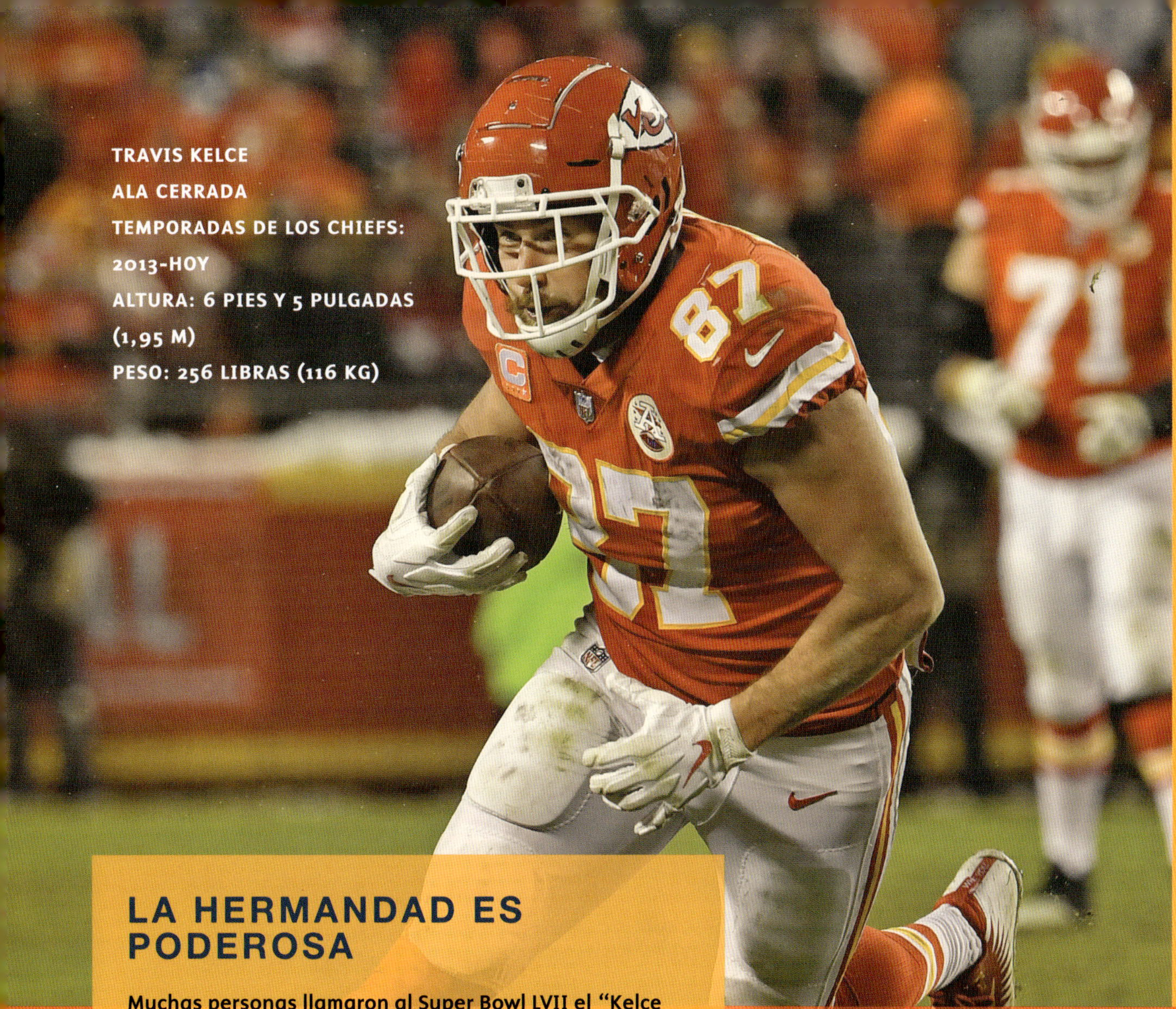

TRAVIS KELCE
ALA CERRADA
TEMPORADAS DE LOS CHIEFS: 2013-HOY
ALTURA: 6 PIES Y 5 PULGADAS (1,95 M)
PESO: 256 LIBRAS (116 KG)

LA HERMANDAD ES PODEROSA

Muchas personas llamaron al Super Bowl LVII el “Kelce Bowl”. Eso se debe a que fue la primera vez que un par de hermanos jugaron en el partido. Travis jugó como ala cerrada para los Chiefs. Jason, su hermano mayor, era el centro de los Eagles. Ambos estaban entre los mejores de la liga en sus posiciones. Jason había sido Primer Equipo All-Pro cinco veces. Mientras que Travis, cuatro. Su madre Donna tenía una camiseta especialmente diseñada para ella. Tenía el número de Travis, 87, al frente. El número de Jason, 62, estaba en la espalda. “Es simplemente increíble que ambos hayan podido llegar hasta este punto en sus carreras y ambos disfruten del Super Bowl juntos”, confesó ella.

15
Wilson

Chris Jones, tacleador defensivo

convirtió a Kansas en el primer equipo desde los Patriots de 2003-04 en ganar Super Bowls consecutivos. Tras un comienzo muy lento, Mahomes lanzó para 333 yardas. Kelce, cuyo publicitado romance con la superestrella del pop Taylor Swift lo convirtió en uno de los jugadores más famosos de la NFL, aportó 93 de esas yardas. Mahomes también corrió 66 yardas para liderar al equipo.La victoria dejó pocas dudas de que Kansas City se ha convertido en una dinastía. Su marcade 75-24 en la temporada regular de 2018-23 incluye tres victorias en el Super Bowl.

Desde sus inicios el equipo de los Chiefs ha jugado un papel principal en moldear a la NFL moderna. La historia de Kansas City incluye una aparición en el primer Super Bowl. Los Chiefs también presumen una victoria inesperada en el Super Bowl IV. Esa victoria ayudó a demostrar que la AFL podía competir de igual a igualen con la NFL. Ahora, con múltiples victorias de Super Bowl en la década pasada, los Kansas City Chiefs esperan añadir aún más premios a su rica historia.

Patrick Mahomes, mariscal de campo

ÍNDICE

All-Pro, 27, 29
All-Rookie, 27
Allen, Marcus, 18
American Football League (AFL), 13, 14, 15, 16, 31
Bartle, H. Roe, 13
Bell, Blake, 11
Bell, Bobby, 14
Buchanan, Buck, 14
Butker, Harrison, 11, 28
Campeonatos de la AFL, 13, 14, 16
Campeonatos del Super Bowl, 14, 24, 28, 31
Cassel, Matt, 23
Charles, Jamaal, 23
Culp. Curley, 14
Dallas, Texas, 13, 16
  reubicación en Kansas City, 13
Dawson, Len, 13, 14, 16
Draft de la AFL, 14
Draft de la NFL, 10, 24, 27, 28
El jugador más valioso, 24
eliminatorias, 8, 11, 13, 14, 17, 18, 21, 23, 24, 28
  Super Bowl, 14, 15, 24, 28, 29, 31
González, Tony, 18, 23, 27
Haynes, Abner, 13
Holmes, Priest, 18
Holub, E. J., 14
Hunt, Lamar, 13, 15, 17
Jugador del Año, 13
Jugador Ofensivo del Año, 17, 21
Kelce, Travis, 8, 11, 24, 29
Mahomes, Patrick, 8, 10, 11, 24
McDuffie, Trent, 28
Montana, Joe, 18
nombre del equipo, 13-14
Novato Defensivo del Año, 17, 20
Novato del Año, 13
Okoye, Christian, 17
Podolak, Ed, 16
Pro Bowl, 27
Reid, Andy, 10, 23, 24, 28
Roaf, Willie, 21
Schottenheimer, Marty, 17
Smith, Alex, 23, 24
Stram, Hank, 16
Taylor, Otis, 14
Thomas, Derrick, 17, 20
Waters, Brian, 21
Williams, Damien, 8, 11, 24